korisnik

2018-10-09T17:59:28+00:00

I0140499

Библиотека

Е

ВРОПСКЕ КЊИЖЕВНОСТИ

Књига 11

Љуљзим Тафа

2

Превод с албанског:

Исмет Марковић

© Copyright for the Serbian edition by

Lulzim Tafa,

 2018

Не зови ме недељом

3

Љуљзим Тафа

НЕ ЗОВИ МЕ НЕДЕЉОМ

Београд, 2018

Љуљзим Тафа

4

Не зови ме недељом

5

УВОД

Поезија не захтева да буде разумљена,

но да буде водич чула,

да учини суптину живом

РЕНЕ ШАР

Један од водећих албанских песника из Пришти-

не, чије су књиге преведене на неколико језика и који је

чест гост на светским фестивалима поезије широм Евро-

пе (Француска, Румунија, Црна Гора, Босна и Херцегови-

на, Албанија) свакако је Љуљзим Тафа, а утор неколико

запажених књига поезије, драме, али и п ублицистике.

Бави се научно-стручним радом и правним студијама,

али је ипак поезија његова основна стварал
ачка вокација
и духовна потреба. Добитник је неколико в
редних међу-
народних награда, међу којима се свакако
 издаваја „Ми-
хаи Еминеску“, која се додељује на прест
ижном европ-
ском фестивалу поезије у румунском гра
ду Крајови
(2018).

Избор поезије који се налази пред читаоци
ма на-

стао је на основу издања „Завјетне пјесм
е“, који је обја-
вљен у издању „Дигнитаса“ (Цетиње, 201
6). У односу на
то прво издање, овом приликом извршене с
у незнатне је-
зичко-
стилске промене, које битно не утичу на
 основни

Љуљзим Тафа

смисао песме, као и екавизирање стихова. У з ауторову са-
гласност, неколико песама је изостављено.

Тафа је песник минималистичке поетике, који на

сажет и језгровит начин покушава да пр икаже властиту
животну драму и поглед на свет око себе. Његова мисао
је јасна и концизна, исказана на лапидар ан и минуцио-
зан начин, који и те како доприноси да се у спостави пот-
пунија комуникација са читаоцима.

Говорећи о поезији овог песника, а поводо м њего-

вог црногорског издања, критичар Мира ш Мартиновић
истиче естетске домете и особеност лирике , са нагласком
да се ове песме „могу артикулисати кроз св е језике, бити
разумљиве сваком човеку“.

Иако конципирана од разноврсних и краћих идеј-

но-
тематских целина, књига „Не зови ме неде
љом", ипак
чини јединствену мисаону и уметничку ц
елину, која
представља песника у пуном сјају и ства
ралачкој зрело-
сти.

Ова књига је још један доказ на култура
 и умет-

ност не познају границе, те да су увек досту
пни свима ко-
је то занима и које желе да упознају лепу по
етску реч.

Др Милутин Ђуричковић

Не зови ме недељом

ЗАСПАЛА СИ
НА МЕСЕЧИНИ

Љуљзим Тафа

ВРЕМЕНА

Једино нокти остају нокти
Дан сутрашњи доноси нам нешто ново
Јер смо се са старим посвађали

Љуљзим Тафа

КОЊ НА КИШИ

Он је у небо гледао
Сунце није намеравало да зађе
Ни данас
Јер киша ће престати једнога дана
Свакако једнога дана.
И кажу да киша неће коња растопити
Коња који на киши кисне
И на поветарцу се суши
Коња без имена
Без узде
Без Бога
Коња покислог на киши

Не зови ме недељом

ЗАСПАЛА СИ НА МЕСЕЧИНИ

Зар ме не жалиш
Сунце ти очи заслепило
Заспала си у сени месечине
И не желећи ставих те у песму

Зашто плачеш
Зар те очи не заболе
Доћи ћу у твој сан
И заборавићу правац повратка

Из тихог плача
Из тамног сна
Не плачи молим те
Зар ти мене малена није жао

Љуљзим Тафа

12

НЕ ЗОВИ МЕ НЕДЕЉОМ

Колико се на тебе кише слило тога дана
Само да би други продавци
Били грожђари и лубеничари
Да би судбине заменили.
Недељом ме више не зови
Могу и не пробудити се
Те заувек остати у сну смрти

Не заборави тренутке залеђене
Само недељу за дан свој изабери

За тебе кад умрем
Иза седам брда да ти име пронађем
О како не дођеш другим данима

ТЕУТА

Ноћас те призивам
Теута
Да у дућану
Отров испијемо
Што га језик твој сипа

Очи су ти ледени известиоци
На скрханој грани
Судбине разбојника

Тебе су богови покорили
Теута

Љуљзим Тафа

14

СУТРАДАН

Хоћемо ли поново сести Теута
На столице дрвене
Стакленим чашама да наздравимо
Судбинама и срцима

Поново ћемо сести
Успомене да преберемо
Стихове да ишчитамо
Од прошле ноћи

Дај ми очи да видим сунце
И како падају звезде
Небо како пада

Поново ћемо сести Теута
Да снове испричамо
Од ноћи протекле
Очију отворених јутро да нас затекне

Опет ћемо сести
На столице дрвене
Чувај се Теута
Од Живота
Од Смрти

Не зови ме недељом

15

ПАМТИМ ТИ ЛИЦЕ

Лице ти памтим
Крв смрзлу сузу
Нада мном

Памтим ти језик
Змију отровну црну
Судбину ми опасује

Кад ти заспиш
Ја се будим
И бдим са сећањем
На тебе

Љуљзим Тафа

16

ДРЕВНИ ГРАД

Лагани ледени ветрић дува
Древном граду ветар жалузине њише

Нисам луд да волим те
Древни граде прве љубави

Педљима улице да ти мерим
Древни граде без тврђава од камена

Које се нижу у смеру казаљки

Не зови ме недељом

ТИХА КИШНА НОЋ

Тиха кишна ноћ
Ћутња градска убија
У позно доба
Путника одоцнелог
У граду прокислом

Тиха кишна ноћ
Путник усамљени
Граду прокислом
Ноћас круну справља

Тиха кишна ноћи
Не затири трагове моје
У граду с мирисом крви

Љуљзим Тафа

18

СУТРА ЋЕ ПАДАТИ КИША

Сутра се нећемо видети
Падаће киша
Недеља је
Спаваћемо цео век

Не знам
Хоће ли сунце појавити се
Хоћемо ли се видети
Након кише и сунца

Сутра ће падати киша
Теби ћу се клањати
Очима твојим
Пропастима богова

Не знам да ли бог плаче
Или киша пада
Сутра се нећемо видети
Јер ће киша падати

Сутра ћемо обоје умрети

Не зови ме недељом

ОСТАВКА

Ако хоћеш
Узми чешаљ
Очешљај ноћ
Попут роспије
Обоји нокте

Љуљзим Тафа

ПЕСНИЦИ

Кад се богови наљуте
Рађају се песници.
С првим знаком живота
Устају против бога свога.
Буне се.
Кад одрасту
Праве свињарије
Деле летке
Против самих себе
Као бунтовници по граду.
„Сувишно дете сваке мајке
постаје песник.“

Не зови ме недељом

КАД УМРЕМ

Кад умрем
Не плачи драга
Издао сам те
С цурама друге планете.

Кад умрем не плачи сестро
Грудима Скендер-беговим хрвем се
С морским неманима.

Кад умрем не плачи мати
Већ подој
Ове
Метафоре
Вајне
Као мене некада...

Љуљзим Тафа

ТЕОРИЈА ТУМАЧЕЊА СНОВА

Ако си у сну
Змију угледала
Неко ти је игру покварио...

Ако си у сну слободу видела
Неко се руга ропству твоме.

Ако си у сну очи моје запазила
Неко те је преварио.

Рекох ти тврдоглавице
Рекох ти
Не спавај
Јер снови ти љубав
На нос набијају.

Не зови ме недељом

23

УЖАСНЕ ПЕСМЕ

Љуљзим Тафа

24

Не зови ме недељом

25

МИ

Ништа друго не чинимо
Одевамо
И разодевамо
Метафоре.

Одевамо
И разодевамо
Храстовима
Кору.

По вољи
Близанцима
И потомцима

Заборављамо земљу
Уживаоци
Љубавници
Лепотани.

Љуљзим Тафа

ТАКСЕ

Убрзо ће увести
Таксе на снове
И на осмехе
Добро ли је тек
Што не таксира
Болове
Земља хуманости

Не зови ме недељом

27

ХАЈКУНА

На светлу месечине затекох
Хајкуну
Док музе стадо
Хајкуна

Шта чиниш стаду
Чинићу и ја теби
Ах јадна ја и моји брави рече
Сетивши се да јој је вук
На грло навалио

Љуљзим Тафа

ЧОБАНСКА

Чуваш
Грешиш
И кажеш
Хајкуна

Да те погодио
Бандит
У срце
Да је обрао
Јабуке
И усне
Чуваш
Грешиш
Казујеш
Хајкуна

Не зови ме недељом

29

ИГРЕ

Хитнем каменчић
У поље
И...
Жмурке трагам
За зрном маслине у теби.
Радујем се кад га не нађем.
Кад га нађем слатко повратим
Хвата ме дрхатавица
Боље бежи од мене
Хајкуна
Јер смо ухваћени
Биће свега и свачега.

Љуљзим Тафа

30

НЕОБЈАШЊИВИ РАСТАНАК

Ти ме више немаш
Нити ја тебе имам.
Сећам те се човечице
Хајкуна
Шта ће та суза у оку

.

Не зови ме недељом

31

ПРОТИВОПАЖАЊЕ

Седи Хајкуна.
Ослоњена на чежњу
Гледа, посматра

У правцу шуме.
Мисли је у мараму умотала.
Ноћас ће бити нападнута.
Хајкуна,
Не брини,
Јер ћемо бити
Права напаст

.

Љуљзим Тафа

ЛОМ

Хајкуна стадо
На плоту чарапе

Хакерка постаде
Провали моју шифру
И кад сазнаде
Како јунаци издају
Конопац и храст
Нигде не нађе
Док се једног дана изненада
Појави лепотица
На екрану
Рекламирајући кондоме
Компаније
"My Love"

Не зови ме недељом

МОСТ

Подигох мост
Овде у Сарајеву
Дугачак
Без пројекта
Без архитекте
Жице успомена узидах
Као челичне нити
Чежњу помешах
Као бетон
Само га дахом направих
Чврстим
За срце везаним
Прођи слободно
Каже ти Бог
И анђео бели држи те
За руку

Љуљзим Тафа

34

Не зови ме недељом

35

ЦРНЕ ПАРОДИЈЕ

Љуљзим Тафа

36

Не зови ме недељом

37

ЈУНАК НАД ЈУНАЦИМА

Хероја су опколили
Са свих страна
А он забрављен у кули
С једном роспијом
Сексао се
Дубоко разочаран
У историју
Што га никад неће поменути
У гуслама и тамбурама

Љуљзим Тафа

38

КЛЕТВА

Пси се најели
Ове домовине
Која нас живе
У земљу утера

Не зови ме недељом

39

ВОДА

Тихо нестаје
Последњи гутљај
За смртни час
Да се нађе.
Ниједна кап
Да кане.

Ватро рајска
Ко ће те
Угасити

?

Љуљзим Тафа

40

МИНИСТРОВ ПАС

Он шета с њим
сваке вечери
на тргу.
Људи обојицу поздрављају.
Кад министар махне главом,
он махне репом.

Он залаје, када се овај намршти.
Добро се разумеју.
Псећи и људски
истовремено.

Не зови ме недељом

41

САМ СА СОБОМ

Љуљзим Тафа

42

Не зови ме недељом

43

КАД ЈЕ БАРДО ПОЛУДЕО

Кад је Бардо полудео
Нису људи од њега бежали
Он је бежао од њих
Државу и власт је псовао
Чинило му се да кукуриче
Усред ноћи.
Сачувај нас Боже

Уљеза злога који лаже,
Викао је људима:
Закољите га!
Мирише на гаврана.
Кад је Бардо скренуо
Хтео сам да видим
Да ли је полудео
Заиста?

Љуљзим Тафа

САМ СА СОБОМ

Ипак, треба снаге
Јебеш му Матер.
Сунце се близу примакло
Жега жеже,
А мора се,

Јебеш му Матер.
Они којих нема никада неће доћи.
Оних којих има нема довољно.
Ниси сигуран
Да ли је Бог са тобом,
А људи су ти на врат натоварени
И власт.

Али, мора се.
Ах,
Јебеш му матер.

Не зови ме недељом

ПУБЛИКА

Ништа не разумеју
Од уметности
Други део
Коректан је
Као дукат сија

Љуљзим Тафа

РОДОЉУБИ

Много воле домовину
љубе јој тло.
Заклињу се
у камен и у плочу.
Затим,

не питај
пукох.

Не зови ме недељом

47

ПРЕЦИ

А вас јунаке
Што не позваше
Има ли свадбе с ђаволом
Игде
Улема
Ће нам матер
Јер нема више овог стабла

Љуљзим Тафа

48

ВЕЛИКО ХТЕЊЕ

Поломисмо га
јер хтедосмо живог на одар
да га ставимо
Тугу
и попутбину
из руке
да му макнемо
котарицу пуну болова

Не зови ме недељом

49

ЕПИТАФ

Не настаје залуд
Ниједан стих
Коју болест од муза
Преноси лира
Матер јој јебем
Како је умрла
Поезија

Љуљзим Тафа

50

Не зови ме недељом

51

ИЗЛОЖБА СНОВА

Љуљзим Тафа

52

Не зови ме недељом

53

ДЕВОЈКА

Ти на јутро не личиш
Ни на јоргован пробуђени
А бистра си

Бистрија од сузе
Од воде
Белог Дрима
Од воде
Црног Дрима
Као роса
Као кап кише
Света си
Светија
Од светица
Од Розафе
Од сестре Ђерђелез Алије
Лепа си
Лепша
Од девојака из маште
Кристална си
Кристал ти у оку
Златари те у прстенове резбаре
Млади момци
Пред огледалом

Љуљзим Тафа

Себе убијају
Ништа на тебе не личи
Више од булке
Девојко
Чувај се младог месеца
И црних марама
О јутру
Кад ти плетенице исплету

Не зови ме недељом

ПРЕДОСЕЋАЊА

Метеоролози су
Тачни
Спрам судбине.

Предвиђају температуру
Крви
И болове за сутра.
Дрхтај и грмљавину
Од седам степени
Меркалија у срцу.
Капи кише
И чежње.
Те пољупце
Тако мало пољубаца.

Љуљзим Тафа

56

ТРЕШЊА

Ти више
од сваке
воћке
у врту
имаш
трешње
у оку
на уснама
и на грудима

Не зови ме недељом

57

ИДИЛА

Чим угледах те
Очи ми остадоше
У твојим очима
Усне ми остадоше
На твојим уснама
Сав
У теби остадох
Сва
У мени остаде

Љуљзим Тафа

58

УЛЦИЊАНКА

Опија ме сећање на тебе
Улцињанко

Дебељуцо
Зрна маслине
Имала си у очима
И на врховима прсију.
Те ноћи
Дугокоса,
Била је запарина
Док језиком
Куглице сам миловао
Укус живота
Моја зрна маслине.

Не зови ме недељом

СИНОНИМИ

Вољно ти кажи
Срце ми је
Љубави пуно
Вољно ти реци
Срце ми је
Пуно
Сарајева

Љуљзим Тафа

60

ЛАМЕНТ

Азему Шкрељију

Песник никада није ставио
Тачку на стих
Већ кад је превршила
Чежња изгнаничка једнога дана
Та га је тачка погодила у срце.
Похитао је
Јер је у смрт хтео
Да слети
На Косово.
И од данас
Смрт је постала
Дивна лирика.
Песник није умро
Само га је тачка погодила
Из стихова у срце.

Не зови ме недељом

61

ЛАГАНА ЕРОТИКА

Памтиш ли
Кад смо били
Млади
Па сам те свлачио
Очима.
Ти нигде
А ја
На
Теби.
Негде касно
Измешаше нам се
Врхови прстију.

Љуљзим Тафа

НЕСПОРАЗУМ

Јабуку рекох дај ми
Она ми даде јабуке
Као трешња поцрвене
А ја
се нађох
на врху ње
На стаблу трешње

Не зови ме недељом

63

ТЕЛЕФОН

Веома тужно звони
Усред сна
У поноћ

Плави телефон
Путем жица одржава
Везе међу срцима

Љуљзим Тафа

64

БЕЖИЧНА ЉУБАВ

Идеја о вајфају
Родила се
Из љубави
Јер срца одржавају
Везе без жица

ВУК КОЈИ НЕ ПРИПАДА ЧОПОРУ

Вук сам
Али сам
Sui generis
Вук који не припада чопору
Чопору који иде за
Страстима једне кучке
Вук сам
Који ждере своју жртву
Који не седи у колиби
Који воли своју драгу
Само јер када је хоћу прождрети
Може се успротивити

Љуљзим Тафа

66

ЛАБОРАТОРИЈА

Како
Правите хероје
У подрумима
Без икаквог хигијенског услова
У тој прљавштини
Где се праве хероји
И где се
По тој цени продају

67

ТЕХНИЧКО ОПИСИВАЊЕ РАСТАНКА

Ти ми искључиш струју
Зенице ока ми гасиш
Тама
Нити видим
Нити чујем
Метал без чула
Ти термоцентрала
Гигантске снаге

Љуљзим Тафа

ЗАКОН О ЗАШТИТИ ЖИВОТИЊА

Права човека
Поштују се делимично,
Али, животиња потпуно
У свакој касапници.

Не зови ме недељом

ЛЕГАЛНА НЕПРАВДА

Устав је легализовао гејеве
Зато власт има право
Да све јаше без разлике
Расне и родне,
Док ја тражим ограничења
Барем за децу
Испод шеснаест година

Љуљзим Тафа

70

SMS

Здраво срце
Сунце ми је близу
Само метар
Ти
Кап воде
Што пакао гасиш

Не зови ме недељом

71

ИСКУШЕЊЕ

Звала се трица
Игра која се не одвија у поље
отворено фудбалско
Ни тениса.
Али је игра

Са много лопти
Међ вруће евидентне тачаке
На постељи испружен
Мртав пијан,
дефинитивно
Приштина те хипнотише
Као пена шампањца.
Као средњовековна романса
Свећама и цвећем
А по обичају на уснама
коцке чоколаде са румом.
Убеђени да стварамо уметност
Оне затворише очи марамом
Док моје зенице расту непрестано.
Почињемо из почетка без сигнализације
Само врхом језика.
Ко то разуме
Тешка игра, без арбитра

Љуљзим Тафа

Игра без правила јер нема
Правила у оној анархији
Нема ко означити
Почетак ни крај
Нема гледалаца, али има
много овација играчима
Комплет постадосмо неочешљане косе
Као да смо ушли или изашли из луднице
А грех смо сазнали само из прстију.
За тренутак
Помислих да ме зграбише орлови
У канџама
Рашири се на ме уље забаве
Постадох произвођач сока од банане
Док не остаде ни кап за лек
Часна реч - не знам крај
Јер се мало, веома мало
Човек сећа
Од оне напасти

Не зови ме недељом

73

ОНА ЈЕ ВИП

Она је ВИП и
није тако једноставно
Имати је у кревету
Поготово после
Гажења по црвеном тепиху
Ти осећаш
Њене црвене усне
„Оргазам са лудим
Холивудом"
Није тако једноставно
Имати ВИП у кревету
ВИП што бела јој течност светлуца
у зубима

Љуљзим Тафа

ТРАЖЕЋИ СЕБЕ

Изашао сам данас
С главом у руци
Себе тражио
Путевима
где сам био оставио
мало љубави
и неке болове
старим путевима
насутим чежњом
Слатких усана успомена очима
Где сам се сакрио
Пољупце
где сам се напио
Изашао сам данас
Себе тражио
Гледам у сунце
на земљи сам
Или на небу
Изашао сам данас
себе да тражим
А где сам
Нигде

Нисам.
Изашао сам данас

Не зови ме недељом

75
себе да тражим
Ако га не нађем
Још мало
много ћу се разочарати
Почећу чежњиво
Певати
И кукати

Љуљзим Тафа

ХРАСТ И КРСТ

Убише ме
Обесише ме на храст
Не разапеше ме
Јер би ме у Христа претворили.
Храст крст
Крст дрво
Христос на крсту
Канап на храсту
Зато ме не разапеше
Јер би ме у Христа претворили

Не зови ме недељом

ПАСЈИ ДАН

Четрдесет и четири очева
И једна мајка кучка
Никада не схватих
Зашто су јој додијали

Љуљзим Тафа

ИЗЛОЖБА СНОВА

У галерији уметности
Ускоро ћу отворити
Изложбу снова
И видећете
Како ће бости очи
Људству
Како ће критика
Полудети

Не зови ме недељом

79

БЕЛЕШКА О АУТОРУ

Љуљзим Тафа (Ljulzim Tafa) – рођен је 1970. го-

дине у Липљану код Приштине. Дипломи рао је и маги-

стрирао на Правном факултету у Приштин и, а доктори-

рао на Правном факултету Универзитета у Сарајеву. Упо-

редо са научним радом, пише поезију, драм е, критику и

публицистику. Превођен на неколико језик а и добитник

низа признања (*Михај Еминеску,* 2018).

Објавио је збирке песама: *Крв није вода* (19 93), *Жа-*

лосне метафоре (1993), *Планета Вавилон* (1999), *Има још две*

речи (2011), *Закопај ове речи* (2015) и *Завје тне пјесме* (Цети-

ње, 2016). Заступљен у антологијама и избо рима поезије.

Обавља дужност ректора Универзитета АА

Б.

Живи и ради у Приштини.

Љуљзим Тафа

80

Не зови ме недељом

81

САДРЖАЈ

Увод 5

ЗАСПАЛА СИ НА МЕСЕЧИНИ

Времена 9

Коњ на киши 10

Заспала си на месечини 11

Не зови ме недељом 12

Теута 13

Сутрадан 14

Памтим ти лице 15

Древни град 16

Тиха кишна ноћ 17

Сутра ће падати киша 18

Оставка 19

Песници 20

Кад умрем 21

Теорија тумачења снова 22

УЖАСНЕ ПЕСМЕ

Ми 25

Таксе 26

Хајкуна 27

Чобанска 28

Игре 29

Необјашњиви растанак 30

Противопажање 31

Љуљзим Тафа

82

Лом 3
2
Мост 3
3

ЦРНЕ ПАРОДИЈЕ

Јунак над јунацима ....
... 37
Клетва ....
38
Вода 3
9
Министров пас ....
. 40

САМ СА СОБОМ

Кад је Бардо полудео 43

Сам са собом 44

Публика 45

Родољуби 46

Преци 47

Велико хтење 48

Епитаф 49

ИЗЛОЖБА СНОВА

Девојка 53

Предосећања 55

Трешња 56

Идила 57

Улцињанка 58

Синоними 59

Ламент 60
Лагана еротика 61
Неспоразум 62
Телефон 63
Бежична љубав 64
Вук који не припада чопору 65
Лабораторија 66

Не зови ме недељом

83

Техничко описивање растанка 67
Закон о заштити животиња 68
Легална неправда ....

.. 69

SMS 7
0

Искушење ....
71

Она је VIP ....
73

Тражећи себе ....
74

Храст и крст ....
 76

Пасји дан ....
77

Изложба снова ....
 78

Белешка о аутору ....
...... 79

Љуљзим Тафа

Не зови ме недељом

85

Љуљзим Тафа

НЕ ЗОВИ МЕ НЕДЕЉОМ

1. издање

Превео с албанског:

Исмет Марковић

Рецензент:

др Милутин Ђуричковић

Издавач:

„Алма", Београд

Уредник:

др Ђорђе Оташевић

Корице:

Дејана Јовановић

Штампа:

„Пресинг", Младеновац

Тираж:

200

ISBN:

978-86-7974-629-0

Љуљзим Тафа

86

CIP – Каталогизација у публикацији
Народна библиотека Србије, Београд

821.18(497.115)-1
821.18.09-1 Тафа Љ.

ТАФА, Љуљзим, 1970-
    Не зови ме недељом / Љуљзим Тафа ;
[превод с албан-
ског Исмет Марковић]. – 1. изд. –
 Београд : Алма, 2018 (Мла-
деновац : Пресинг). –
 83 стр. : ауторова слика ; 21 cm. – (Би-
блиотека Европске књижевности / [Алма, Б
еоград] ; књ. 11)

Антологијски избор. – Тираж 200. –
Стр. 5–6: Увод / Милутин
Ђуричковић. – Белешка о аутору: стр. 79–
80.

ISBN 978-86-7974-629-0

а) Тафа, Љуљзим (1970-)

COBISS.SR-ID 268652556

•

www.ingramcontent.com/pod-product-compliance
Lightning Source LLC
La Vergne TN
LVHW021542080426
835509LV00019B/2792

* 9 7 8 8 6 7 9 7 4 6 2 9 0 *